¿Quién fue
Mark Twain?

¿Quién fue
Mark Twain?

April Jones Prince
Ilustraciones de John O'Brien

loqueleo

SANTILLANA USA

Para David —el primer escritor de la familia—
que siempre conoce la diferencia entre la palabra
casi correcta y la palabra correcta.
A.J.P.

Para Tess
J.O.

loqueleo

Título original: *Who Was Mark Twain?*
© Del texto: 2004, April Jones Prince
© De las ilustraciones: 2004, John O'Brien
© De la ilustración de portada: 2004, Nancy Harrison
Todos los derechos reservados.

Publicado en español con la autorización de Grosset & Dunlap, un sello de Penguin
Young Readers Group, una división de Penguin Random House LLC.
Who HQ™ y todos los logos relacionados son marcas registradas de Penguin Random
House LLC.

© De esta edición:
2016, Santillana USA Publishing Company, Inc.
2023 NW 84th Avenue
Doral, FL 33122, USA
www.santillanausa.com

Loqueleo es un sello editorial de **Santillana**. Estas son sus sedes:
ARGENTINA, BOLIVIA, CHILE, COLOMBIA, COSTA RICA, ECUADOR, EL SALVADOR,
ESPAÑA, ESTADOS UNIDOS, GUATEMALA, MÉXICO, PANAMÁ, PARAGUAY, PERÚ,
PUERTO RICO, REPÚBLICA DOMINICANA, URUGUAY Y VENEZUELA.

¿Quién fue Mark Twain?
ISBN: 978-1-63113-854-6

Published in the United States of America
Printed in Colombia by Editora Géminis S.A.S.
25 24 23 22 21 22 21 20 19 18   2 3 4 5 6 7 8 9

Índice

¿Quién fue Mark Twain?

Cuando yo era joven, podía recordar lo que fuera, hubiese sucedido o no.

Mark Twain

Si el nombre Mark Twain no te suena, piensa en *Las aventuras de Tom Sawyer* y *Las aventuras de Huckleberry Finn*. Son sus libros más famosos.

Mark Twain fue el narrador de historias más grandioso de Estados Unidos. Era tan bueno para inventar historias, que hasta se inventó un nombre. (Su nombre de pila era Samuel Langhorne Clemens.) Sus mejores historias nacieron de sus propias aventuras de niño en la ciudad de Hannibal, Missouri, a orillas del río Mississippi.

Mark Twain tuvo una vida emocionante. Fue conductor de barcos a vapor, buscador de oro y reportero de un periódico. Viajó por todo el mundo dictando conferencias (que parecían más bien espectáculos de un solo hombre) sobre sus obras y sus experiencias.

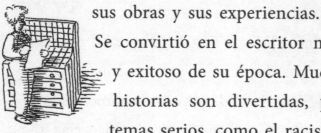

Se convirtió en el escritor más famoso y exitoso de su época. Muchas de sus historias son divertidas, pero tocan temas serios, como el racismo, la avaricia y la injusticia. Estados Unidos vivió muchos cambios durante los años en que vivió Mark Twain. Este escritor desafió a los estadounidenses a observarse a sí mismos para descubrir quiénes eran y hacia dónde se dirigían.

LAS AVENTURAS DE TOM SAWYER

LAS AVENTURAS DE HUCKLEBERRY FINN

Capítulo 1
Llegó con el cometa

Siempre llega un momento en la vida de todo muchacho bien criado en que lo domina un deseo terrible de salir en busca de un tesoro.

Mark Twain

Samuel Langhorne Clemens, el hombre que se volvió famoso con el nombre de Mark Twain, nació en una casa de·dos habitaciones en Florida, en el estado de Missouri, el 30 de noviembre de 1835.

EL COMETA HALLEY

UN COMETA ES UNA BOLA DE POLVO, GASES, NIEVE Y HIELO QUE SE MUEVE ALREDEDOR DEL SISTEMA SOLAR. PODEMOS VER COMETAS A VECES, CUANDO PASAN CERCA DEL SOL. EL CALOR DEL SOL HACE QUE DEL COMETA SALGA UNA COLA DE GAS Y POLVO QUE FORMA UN RAYA BRILLANTE EN EL CIELO. EL COMETA HALLEY ES LA MÁS FAMOSA DE ESTAS "BOLAS DE NIEVE CÓSMICAS". RECIBIÓ SU NOMBRE EN 1758 EN HONOR AL ASTRÓNOMO BRITÁNICO EDMON HALLEY, QUE SE DEDICÓ A ESTUDIAR ESTOS FENÓMENOS. HALLEY SE DIO CUENTA DE QUE LOS COMETAS QUE SE HABÍAN VISTO EN 1531, 1607 Y 1682 ERAN EN REALIDAD UN MISMO COMETA QUE PASA CERCA DE LA TIERRA CADA 76 AÑOS. EL COMETA HALLEY REGRESARÁ EN EL AÑO 2061.

El cometa Halley, que se ve cada 76 años, cruzó el cielo esa noche. ¿Era acaso esa luz brillante una señal? Eso esperaba Jane, la mamá de Sam. Sam era un recién nacido pequeño y frágil, y ella temía que no lograra sobrevivir. En aquel tiempo morían muchos niños pequeños. Tres de los seis hermanos de Sam habían muerto. Sam Clemens sobrevivió, y en el proceso le ocasionó muchos problemas a su madre.

En 1839, la familia de Sam se mudó a una ciudad más grande, Hannibal, en Missouri. John Clemens, el padre de Sam, era abogado y tendero. John esperaba que los tiempos difíciles quedaran en el pasado.

Mientras su padre luchaba para mantener a su familia en Hannibal, Sam luchaba para poner atención en clase. Sam asistía a la escuela de la señora Horr, hecha de troncos, en la calle principal del pueblo. Sam tenía buena ortografía y le encantaba leer, pero era inquieto y se distraía fácilmente. Con frecuencia, desobedecía las normas y faltaba a clase.

Hannibal era un pequeño pueblo ribereño, situado entre dos acantilados que daban al majestuoso río Mississippi. Sam lo llamaba "el paraíso de los niños". Él y sus amigos se escapaban a una isla en medio del río para pescar y nadar. Otras veces, se iban a jugar al bosque. Jugaban a que eran piratas, indígenas o Robin Hood y sus hombres felices.

Río abajo había cuevas donde los muchachos iban a buscar tesoros. Era emocionante y pavoroso explorar los oscuros pasajes subterráneos. Una vez, Sam se perdió en las cuevas, y estuvo a punto de ahogarse en el río ¡nueve veces! "Tú me diste más preocupaciones que ningún otro de mis hijos", le decía su madre. (Años más tarde, Sam dijo que estaba convencido de que su madre disfrutaba de sus travesuras.)

El río Mississippi puso el mundo entero al alcance de Sam Clemens. En aquellos tiempos no había autos ni tampoco ferrocarriles que atravesaran estados, así que el río era la autopista más importante del país. Sam y sus amigos soñaban con ser parte de la tripulación de un barco a vapor. Estos enormes barcos blancos eran tan majestuosos como el río mismo. Cuando se escuchaba el grito "¡Vapor a la vista!", Sam y casi todos los habitantes del pueblo corrían al embarcadero. Sam miraba casi sin parpadear los hermosos botes y los malhablados marineros que cargaban y descargaban mercancías.

Hannibal, era un lugar difícil en la década de 1840. Missouri se había convertido en estado en 1821, pero aún no había perdido su sabor fronterizo. Sam fue testigo de un tiroteo frente a su propia casa cuando tenía 9 años de edad. En otra ocasión, encontró el cadáver de un hombre  que había sido asesinado. Y vio a un capataz matar a un esclavo, simplemente porque le molestaba la manera en que éste había hecho su trabajo.

Sam Clemens creció en medio de la esclavitud. Hannibal era como casi todos los pueblos del Sur: los blancos buscaban maneras de justificar el hecho de que casi tres millones de negros trabajaran como esclavos.

¡VAPOR A LA VISTA!

ANTES DE QUE SE INVENTARAN LOS BARCOS A VAPOR, LOS VIAJES POR RÍO ERAN LENTOS Y DIFÍCILES. LOS BARCOS TENÍAN QUE FLOTAR RÍO ABAJO. LOS CAMBIOS EN LAS CORRIENTES DEL RÍO HACÍAN EL VIAJE IMPREDECIBLE. CUANDO TENÍAN QUE IR RÍO ARRIBA, ERAN REMOLCADOS O LLEVADOS CON LA AYUDA DE VELAS Y REMOS EN CONTRA DE LA CORRIENTE, LO CUAL RESULTABA AGOTADOR. LOS CIENTÍFICOS YA CONOCÍAN LA INCREÍBLE FUERZA DEL VAPOR, PERO APROVECHARLA PODÍA SER PELIGROSO. ¡DEMASIADO VAPOR ATRAPADO EN UN LUGAR PUEDE HACERLO EXPLOTAR! EN 1807, ROBERT FULTON INVENTÓ EL PRIMER BARCO A VAPOR PRÁCTICO DE EE.UU. DESDE ENTONCES, EL PAÍS CONTÓ CON UN MEDIO DE TRANSPORTE RÁPIDO Y CONFIABLE PARA PERSONAS Y MERCANCÍAS.

A FINALES DEL SIGLO XIX, LOS TRENES COMENZARON A HACER LO QUE ANTES HACÍAN LOS BARCOS A VAPOR, PERO ÉSTOS NUNCA DESAPARECIERON POR COMPLETO. HOY EN DÍA, SE USAN PARA EL TURISMO, EN EXCURSIONES CORTAS Y COMO CRUCEROS VACACIONALES.

Los esclavos pertenecían a sus amos, como si fueran caballos o perros. "Cuando era niño", solía recordar Sam, "no era consciente de que hubiera algo de malo [en la esclavitud]". Los periódicos no decían nada en contra de ella; en las iglesias decían que tenía la aprobación de Dios. Incluso el padre de Sam, cuando tuvo el dinero necesario, compró o rentó esclavos negros para que lo ayudaran con las labores de la casa y de la granja.

Los esclavos que Sam conocía eran también sus compañeros de juego y amigos. En el verano, Sam pasaba varias semanas en la granja de su tío, John Quarle. Allí, él y sus primos pasaban las tardes en las cabañas de los esclavos. A Sam le gustaba especialmente escuchar a un hombre al que llamaban Tío Dan, que narraba cuentos populares e historias de espanto a la luz de una hoguera.

Sam nunca olvidó la manera en que el Tío Dan contaba sus cuentos, las palabras que usaba, el ritmo de su narración. Su voz inspiró las historias que Sam escribió años más tarde.

Capítulo 2
La vida en el Mississippi

Trabajo es todo lo que al cuerpo se le obliga a hacer.
Juego es todo lo que al cuerpo no se le obliga a hacer.

Mark Twain

En marzo de 1847, el padre de Sam se enfermó de neumonía y murió. Sam tenía tan sólo 11 años. Este acontecimiento lo hizo sentirse muy mal; no porque él y su padre se llevaran bien, pues no había sido así. (Sam decía que nunca había visto a su padre sonreír.) Sam se sentía mal precisamente porque creía que no había sido un buen hijo.

La familia comenzó a tener dificultades. Jane tuvo que retirar a Sam de la escuela y ponerlo a trabajar. Sam encontró un empleo como aprendiz

en la imprenta del periódico *Missouri Courier*. En aquel tiempo, cada palabra de un impreso se armaba a mano, con letras de metal. El trabajo de Sam consistía en armar los textos, manejar y limpiar la imprenta, barrer y entregar los periódicos impresos.

A cambio de su trabajo, Sam recibía comida y vivienda. A los aprendices no solían pagarles con dinero. Se consideraba que la oportunidad de aprender un oficio era suficiente pago. La "habitación" de

Sam era un colchón de paja en el suelo de la oficina de la imprenta. Su comida era tan reducida, que solía robar papas y cebollas del  sótano para calmar el hambre.

Sam también consumía una dieta estable de libros; leía todo lo que estaba a su alcance. En 1850, se fue a trabajar para Orion, su hermano mayor, en el periódico *Hannibal Journal*.

Al poco tiempo, Sam, que ahora era un adolescente, comenzó a escribir. En el *Journal* se publicaban sus historias humorísticas, poemas y noticias locales. Para darle vida al diario, a veces firmaba sus escritos como W. Epaminondas Adrastus Blab, o atrapaba la atención del lector con titulares sensacionales como éste:

¡TERRIBLE ACCIDENTE!
¡500 MUERTOS ESTÁN
DESAPARECIDOS!

Teníamos listo el titular de arriba con la esperanza (por supuesto) de poder usarlo, pero como el accidente aún no ha sucedido, tendremos que decir (Continuará...).

El estilo animado de Sam subió la venta del periódico, pero a Orion no le gustaba la manera como su hermano estiraba, retorcía y hasta inventaba las noticias. Se suponía que el periodismo trabajaba con hechos, no con ficción.

Cuando Sam cumplió 17, hizo su equipaje. Su espíritu inquieto lo llevó primero a St. Louis y luego a Nueva York, Filadelfia, Keokuk (Iowa), Chicago y Cincinnati.

En estos lugares, consiguió trabajo en imprentas. Durante un tiempo, escribió cartas de viajes para el periódico *Keokuk Post*, firmando las notas de humor con el seudónimo Thomas Jefferson Snodgrass. Sam se divertía mucho escribiendo. Para él, escribir no era trabajo, pero el trabajo de la imprenta era aburrido. Sam admitió después que "lo hacía con pereza y disgusto, rezongando y quejándome, y esquivaba mis deberes cuando nadie me miraba".

Sam quería hacer dinero, mucho dinero. De manera que cuando supo que había gente haciendo fortunas comerciando

PLANTA DE CACAO

con cacao en América del Sur, decidió irse para allá. Fue el primero de muchos proyectos para hacerse rico rápidamente que Sam cometió el error de emprender. Viajó hacia el sur por el Mississippi en el barco a vapor *Paul Jones*.

Cuando llegó a Nueva Orleáns, se enteró de que no había barcos que viajaran a América del Sur.

Entonces, regresó al *Paul Jones*. Recordó su sueño de infancia de timonear un barco y convenció al piloto Horace Bixby de que le enseñara. Sam Clemens se convertiría en miembro de la tripulación de un barco a vapor.

"Yo pensaba que todo lo que un piloto tenía que hacer era mantener el barco en el río, pero jamás se me ocurrió que fuera complicado, ya que el río es tan ancho", escribió Sam años después. Muy pronto se dio cuenta de lo equivocado que estaba.

Un piloto tenía que memorizar cada detalle del río, que medía cientos de millas. Tenía que conocer la ubicación de los bajos, de restos de naufragios y arrecifes, donde el barco pudiera encallar, o quedarse detenido. También tenía que saber leer la

superficie del agua, estar atento a los cambios en las corrientes, las orillas y el nivel del agua. Tenía que conocer la forma del río y los puntos de referencia tan bien que debería ser capaz de navegar en medio de la lluvia, la oscuridad o una espesa neblina.

—No tengo el cerebro que se necesita para pilotear un barco —se quejó Sam con Bixby—. Y si lo tuviera, tampoco tendría la fuerza necesaria para cargarlo, a menos de que me ayudara con muletas.

No obstante, Sam aprendió rápido. Absorbió todo lo que le dijo Bixby. Escuchó a los guías que anunciaban la profundidad de las aguas y comenzó a leer el río como si fuera un libro que siempre tiene historias nuevas para contar. Un día, Sam escribió su propia historia sobre el río, un libro famoso llamado *Vida en el Mississippi*.

Sam trabajó en un barco llamado el *Pennsylvania*. Y también consiguió un trabajo para Henry, su hermano menor, en el mismo barco.

¿AGUAS SEGURAS?

EN CIERTOS PUNTOS DEL RÍO, EL GUÍA DE UN BARCO A VAPOR LANZABA UNA PESA AMARRADA A UNA CUERDA AL FONDO DEL RÍO. LA CUERDA TENÍA UN NUDO CADA SEIS PIES, O UNA BRAZA, Y SERVÍA PARA MEDIR LA PROFUNDIDAD DEL AGUA. UN BARCO A VAPOR TENÍA QUE NAVEGAR POR AGUAS DE AL MENOS 12 PIES DE PROFUNDIDAD, QUE ERA LA SEGUNDA MARCA EN LA CUERDA. CUANDO EL GUÍA GRITABA "MARK TWAIN" (QUE EN INGLÉS QUERÍA DECIR "MARCA DOS", PUES "TWAIN" ERA OTRA MANERA DE DECIR "TWO"), EL PILOTO SABÍA QUE EL BARCO ESTABA JUSTO EN LA LÍNEA DONDE COMENZABA EL PELIGRO. ÉSTA ERA TAMBIÉN UNA BUENA DESCRIPCIÓN DE LA MANERA COMO SAM CLEMENS VIVÍA SU VIDA. POR ESO SE PUSO EL SEUDÓNIMO DE "MARK TWAIN".

Entonces, sucedió algo terrible. Un día en que Sam estaba en otro barco, las calderas del *Pennsylvania* explotaron. En el accidente murieron unas 150 personas. Henry fue una de las víctimas. Tan sólo tenía 19 años. Sam se culpó por la muerte de Henry por el resto de su vida. Sin embargo, esto no lo alejó de los barcos.

Menos de un año más tarde, en abril de 1859, Sam recibió su certificado de piloto. En poco tiempo, estaba ganando $250 al mes. Tanto como el vicepresidente de Estados Unidos, según decía Sam. Eso no era cierto, pero su salario era bastante bueno. Era más de lo que su padre había ganado jamás.

Por primera vez en la vida, Sam compró ropa cara y comió en restaurantes elegantes.

Sam se convirtió en capitán de barco y también de las personas que iban a bordo. Junto al timón, o sentado plácidamente en cubierta, les

contaba historias a los pasajeros y a la tripulación. Le encantaban los cambiantes paisajes, voces y personalidades que formaban parte de la vida en el río. Vivía fascinado por los diferentes acentos y costumbres, y por los variados sabores y ritmos que se encontraba en los pueblos a lo largo del río. Más tarde dijo que sus años en el río le habían enseñado todo lo que sabía sobre la naturaleza humana y el modo de vida estadounidense.

Capítulo 3
Una vida dura

*Primero, conozca los hechos; y entonces, podrá
distorsionarlos tanto como le plazca.*

Mark Twain

Sam pudo haber sido piloto de barcos toda su
vida. Pero en la primavera de 1861, después de que
Abraham Lincoln se convir-
tiera en presidente, estalló
la Guerra Civil en Estados
Unidos. De pronto, los estadounidenses comenzaron a
pelearse unos con otros. El
tráfico comercial por el río
Mississippi se detuvo.

ABRAHAM
LINCOLN

La Guerra Civil dividió al país en Norte (la Unión)
y Sur (la Confederación).

LA GUERRA CIVIL, 1861-186

MISSOURI

DURANTE VARIAS DÉCADAS ANTES DE QUE ESTALLARA LA GUERRA CIVIL, LOS ESTADOS DEL NORTE Y EL SUR HABÍAN DEBATIDO EL TEMA DE LA ESCLAVITUD. EL NORTE ERA UNA REGIÓN DE PEQUEÑAS GRANJAS Y FÁBRICAS EN LAS QUE LOS TRABAJADORES RECIBÍAN UN PAGO POR SU LABOR. EN EL SUR HABÍA MUCHAS PLANTACIONES GRANDES QUE DEPENDÍAN DEL TRABAJO NO REMUNERADO DE LOS ESCLAVOS PARA CULTIVAR PRODUCTOS COMO EL TABACO Y EL ALGODÓN. POR MUCHOS AÑOS, LOS SUREÑOS SE SINTIERON CONTROLADOS POR LOS BANCOS DEL NORTE, QUE ESTABLECÍAN LOS PRECIOS PARA ESTOS PRODUCTOS.

ONCE ESTADOS SUREÑOS EN TOTAL SE SEPARARON DE LA UNIÓN Y FORMARON LOS ESTADOS CONFEDERADOS DE AMÉRICA. EL NORTE DECIDIÓ QUE NINGÚN ESTADO TENÍA EL DERECHO DE HACER ALGO ASÍ, Y EN 1861 INICIÓ LA GUERRA PARA PRESERVAR LA UNIÓN. LUEGO DE LA VICTORIA DEL NORTE, EN 1865, SE ABOLIÓ LA ESCLAVITUD. EL CONFLICTO LE COSTÓ AL PAÍS 620,000 VIDAS DURANTE LOS CUATRO AÑOS DE LUCHA.

Sam no tenía una opinión fuerte respecto al conflicto. Regresó a casa, en Hannibal, deseando que la guerra terminara pronto. Lo único que quería era regresar al río.

A pesar de que era un estado esclavista en el que la mayoría apoyaba al Sur, Missouri permaneció en la Unión.

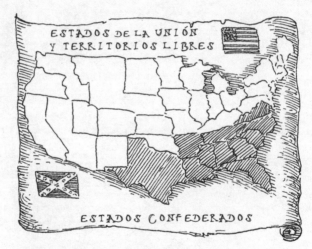

ALABAMA	LUISIANA
ARKANSAS	MISSISSIPPI
CAROLINA DEL NORTE	TENNESSEE
CAROLINA DEL SUR	TEXAS
FLORIDA	VIRGINIA
GEORGIA	

Un grupo de amigos de infancia de Sam formaron una unidad de tropas irregulares para apoyar a la Confederación (una tropa irregular está conformada por soldados que no pertenecen al ejército regular). Se dieron el nombre de Guardabosques de Marion. A falta de algo mejor que hacer, Sam se unió a sus amigos.

Los Guardabosques de Marion pasaban gran parte del tiempo escondiéndose de las tropas de la Unión. "Yo sabía sobre la retirada más que el hombre que la inventó", diría Sam después. Al cabo de dos semanas, cansados y hambrientos, los Guardabosques decidieron disolver la tropa.

Para beneficio de Sam, su hermano Orion fue nombrado Secretario del gobierno federal en el Territorio de Nevada. Muchos pioneros se habían establecido en el Oeste desde la década de 1840, cuando se abrió el Camino de Oregón. Ahora, Sam haría lo mismo, como secretario personal de su hermano. No le importaba marcharse y dejar a los demás en plena guerra. Estaba ansioso por explorar el Oeste.

En julio, los dos hermanos se montaron en la diligencia que los llevaría en un viaje de tres semanas desde St. Joseph, Missouri, a Carson City, Nevada.

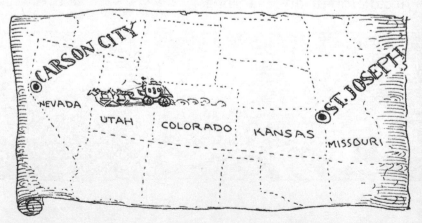

Sam escribió que estaban dejando atrás los Estados y "toda clase de preocupaciones y responsabilidades".

Las diligencias viajaban por tramos, deteniéndose cada 10 ó 15 millas para dar agua a los caballos. La carretera tenía muchos baches, la carreta iba llena de gente y el viaje solía ser peligroso. Por el camino había bandidos e indígenas hostiles. Además, la carretera no estaba pavimentada. Pero en aquellos

tiempos, este viaje de tres semanas era la manera más rápida de llegar al Oeste.

Para los hermanos Clemens, este viaje era toda una aventura. Al llegar a las Grandes Llanuras vieron por primera vez un bisonte, un coyote, una liebre y un antílope. Se encontraron con una tribu de indígenas gosiutes, y desayunaron con un auténtico bandido.

Antes de cruzar las Montañas Rocosas para llegar al desierto, Sam saludó a un jinete del *Pony Express*. Estos jóvenes mensajeros del legendario servicio de correo no desperdiciaban ni un segundo cuando

paraban a cambiar de caballo. Sam dijo que "un caballo y su jinete llegaron como en estampida a la estación, donde dos hombres esperaban sujetando firmemente a un fresco e impaciente corcel. La transferencia de jinete y bolsa de correo se hizo en un abrir y cerrar de ojos, y el par salió volando y desapareció en la distancia tan rápidamente que el espectador apenas pudo verlos".

El viaje fue tan emocionante para Sam y Orion, que casi se lamentaron al llegar a Carson City. Pero esta ciudad también tenía sus maravillas. En lugar de árboles, había arbustos y matorrales. En lugar de lluvia, caían feroces tormentas de polvo. Y en lugar de abrigo, chaleco y tirantes, Sam podía usar una gorra informal, camisa de lana y los pantalones metidos entre las botas. Definitivamente, a Sam le encantaba el Oeste.

En su cargo como secretario del Secretario, Sam no tenía nada que hacer y tampoco recibía un salario. Eso lo tenía sin cuidado. Había muchas cosas que hacer en Nevada, donde se había descubierto, en 1859, en Comstock, uno de los yacimientos de plata más grandes del mundo. En Carson City bullía la "fiebre de la plata". Sam confesó: "Sucumbí y me puse tan frenético como el más loco de los locos".

Buscar plata era más difícil de lo que había creído. Sam y tres nuevos amigos perforaron con picas, taladros, palancas, palas y latas de pólvora, "escalamos

MINA DE PLATA

montañas, trepamos por entre arbustos de artemisia, rocas y nieve hasta que estuvimos a punto de caer exhaustos, pero no encontramos plata… Día tras día, trabajamos, trepamos, buscamos".

Al cabo de seis meses de excavar, palear y taladrar el suelo rocoso, Sam sintió que su fiebre de plata había llegado al extremo en el que no quedaba sino la bancarrota. Necesitaba conseguirse un trabajo de verdad.

Sam había escrito algunos artículos sobre la vida en Nevada para el *Territorial Enterprise, el* periódico local. Al periódico le gustaba su estilo humorístico. En julio de 1862, le ofrecieron el puesto de editor local por $25 a la semana.

Sam no estaba seguro si debía aceptar. ¿Sabía cómo hacer ese trabajo? En realidad no, pero necesitaba el dinero. "Tenía miedo de trabajar como editor local", recordó más tarde.

Como editor local, Sam buscó en teatros, tabernas y estaciones de policía de Virginia City temas interesantes sobre los cuales escribir. Cuando no

encontraba temas, acudía a su imaginación. Para uno de sus primeros artículos, Sam entrevistó a un hombre que iba de camino a California en una carreta. En su artículo, Sam "metió esta carreta en una lucha con indígenas que hasta la fecha no ha tenido paralelo en la historia". Esto no era buen periodismo, ¡pero era un buen relato!

El estilo de Sam encajaba perfectamente en el salvaje Oeste. Se dio cuenta de que tenía talento para contar historias de manera interesante.

Al fin, Sam había encontrado lo suyo. A medida que fue desarrollando su propio estilo de escritura, quiso ponerse un nombre que hiciera juego con el mismo. En aquella época muchos escritores usaban seudónimos, pero ninguno llegó a ser tan famoso como el que Sam Clemens eligió el 3 de febrero de 1863: Mark Twain.

Capítulo 4
La célebre rana saltarina

La diferencia entre la palabra "casi correcta" y la palabra correcta es un asunto de gran importancia; es como la diferencia entre la luz de una luciérnaga y la luz de un relámpago.

Mark Twain

Antes de cumplir un año en el *Enterprise*, Sam le escribió a su madre: "Todo el mundo me conoce aquí y me siento como todo un príncipe dondequiera que voy".

Sam se estaba volviendo famoso bajo el nombre de Mark Twain. Sus columnas se imprimían en periódicos de California y a veces incluso en publicaciones del Este. Cada vez había más gente que lo llamaba Mark. (Su familia y amigos de infancia siempre lo llamaron Sam; otros le decían Twain o Clemens, y él solía firmar como "Samuel L. Clemens Mark Twain".)

Mark Twain se dio a conocer no sólo por su chispa y sus ocurrencias, sino también por denunciar la injusticia y el fraude. En una de sus columnas escribió acerca de un empresario de pompas fúnebres que cobraba sumas astronómicas por los funerales. El hombre, según Mark, se aprovechaba de que las familias estaban muy apesadumbradas para discutir por dinero. A través de su pluma, Mark trató de corregir la maldad de la sociedad.

Mark continuó escribiendo libremente en el Enterprise hasta que un periodista de la competencia de quien él se había burlado, lo retó a un duelo formal, con armas. En lugar de poner en riesgo su vida, Mark se mudó a San Francisco.

A comienzos de 1865, Mark decidió buscar oro en las colinas de las afueras de la ciudad. Una noche, junto a la estufa del campamento, escuchó una historia que le cambiaría la vida. Era la historia de un jugador que había hecho una apuesta con un extraño. El jugador le dijo al hombre que su rana podía saltar más lejos que la suya. El extraño no tenía ninguna rana. Mientras el jugador fue a conseguirle una, el extraño rellenó la rana del jugador con pólvora. ¡Tendrás que leer el relato para saber qué pasó!

Mark escribió su propia versión de la historia añadiendo sus toques humorísticos. Luego, se la envió a un editor en Nueva York. Nueva York era la capital literaria del país; las grandes ligas. "Deja tu marca en Nueva York", escribió Mark una vez, "y estarás hecho".

Antes de finalizar ese año, "Jim Smiley y su rana saltarina" se publicó en el *Saturday Press* de Nueva York. Un crítico dijo que era la obra de humor más fina que se había escrito en Estados Unidos. Muchos periódicos en diferentes lugares del país publicaron el escrito. En menos de dos años, la historia pasó a formar parte del primer libro de Mark Twain: *La célebre rana saltarina del condado de Calaveras y otros cuentos humorísticos.*

Gracias al éxito de su libro, el periódico *Union* de Sacramento le propuso un proyecto fabuloso: viajar como reportero a Hawai. En aquella época, Hawai no era parte de Estados Unidos. Se llamaba Islas Sandwich y era gobernado por reyes y reinas.

Mark les habló a sus lectores de las plantaciones de caña de azúcar de la isla, sus habitantes nativos y el burbujeante cráter del volcán Kilauea.

Cuando Mark regresó a San Francisco, algunos amigos le sugirieron que sus experiencias del viaje a Hawai eran perfectas para un circuito de conferencias. En aquel tiempo, antes de que existieran la radio, la televisión y el cine, la gente asistía a conferencias para informarse y entretenerse. Estas conferencias eran un espectáculo presentado por un solo hombre (o mujer).

A Mark lo asustaba la idea de las conferencias, pero éstas daban mucho dinero y prestigio, así que decidió lanzarse. Alquiló un auditorio e imprimió unos carteles para promocionar el evento:

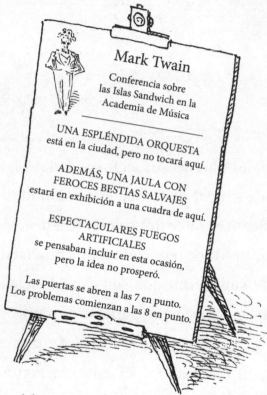

Mark Twain

Conferencia sobre las Islas Sandwich en la Academia de Música

UNA ESPLÉNDIDA ORQUESTA
está en la ciudad, pero no tocará aquí.

ADEMÁS, UNA JAULA CON FEROCES BESTIAS SALVAJES
estará en exhibición a una cuadra de aquí.

ESPECTACULARES FUEGOS ARTIFICIALES
se pensaban incluir en esta ocasión, pero la idea no prosperó.

Las puertas se abren a las 7 en punto.
Los problemas comienzan a las 8 en punto.

Los problemas realmente comenzaron a las 8:00, cuando a Mark le entró un ataque de nervios. "Me temblaba todo el cuerpo, con un terror que parecía que me iba a matar. El lugar estaba repleto, ¡había gente hasta en los pasillos!"

Luego de un par de minutos, el miedo escénico de Mark se evaporó. Mark comenzó a hablar con su acento sureño, haciendo pausas en los momentos claves de su relato para darle tiempo al público para reír. Durante todo el tiempo, actuaba como si nada de lo que estaba diciendo fuera chistoso.

Mark tenía un talento nato para hablar en
público. Esa noche hizo $400, más de lo que ganaba
como piloto en seis semanas. En el lapso de un mes,
dio 16 conferencias en California, Nevada, e incluso
una en Nueva York.

Mark estaba adquiriendo fama y fortuna. Pero
su vida volvió a agitarse en junio de 1867. Salió de
crucero por Europa y el Medio Oriente en el barco
Quaker City. Tres periódicos le patrocinaron el viaje.
Mark recibía $20 por cada carta que les mandaba.

EL COLISEO

EL PARTENÓN

A la mayoría de los viajeros, y a la mayoría de los lectores de Mark, les habían enseñado a respetar los tesoros del Viejo Mundo. El Coliseo, en Roma. El Partenón, en Atenas. Mark pensaba que la gente no debía aceptar las opiniones ajenas tan fácilmente. En sus cartas, francas y graciosas, hizo sus propios juicios respecto al mérito de los artistas, palacios y ciudades europeas, y evaluó si eran dignos de la buena reputación que tenían.

Esto es lo que Mark dijo acerca de algunos lugares turísticos famosos:

VENECIA

SE PARECE MUCHO A UNA CIUDAD DE ARKANSAS INUNDADA."

MONTE VESUBIO

"ME ALEGRO DE HABER VISITADO ESTE LUGAR, PRINCIPALMENTE, PORQUE NO TENDRÉ QUE VOLVER A HACERLO."

BAILARINAS DE CANCÁN

"ME CUBRÍ LA CARA CON LAS MANOS DE PURA VERGÜENZA; PERO MIRÉ POR ENTRE LOS DEDOS."

Las cartas de Mark se volvieron tan populares en Estados Unidos, que cuando regresó al país era una estrella. Una editorial de Hartford, Connecticut, le propuso que ampliara sus cartas y las compilara todas en un libro, y él aceptó. *Los inocentes en el extranjero* fue publicado en 1869 y se convirtió inmediatamente en un éxito.

El viaje a Europa también fue importante por otra razón. Otro viajero que iba a bordo del barco, llamado Charles Langdon le mostró a Mark un retrato de su hermana, Olivia. Mark quedó encantado con el rostro bello y delicado de la muchacha.

Cuando regresó a Nueva York, le presentaron a Olivia, o "Livy". Al instante, Mark sintió que era la chica para él. Era pequeña, refinada, bien educada y la mujer más hermosa que había visto en su vida. Su familia,

al contrario de la de Mark, era rica y refinada. La mansión en la que vivían en Elmira, NY, ocupaba una manzana completa. Mientras que Mark había crecido evadiendo las reuniones de oración (y memorizando versos de la Biblia para que su madre creyera que había ido a la iglesia), Livy y su familia se tomaban la religión como algo muy serio. Los Langdon incluso llegaron a fundar su propia

iglesia, luego de que aquella a la que asistían se rehusara a levantarse en contra de la esclavitud. Eran abolicionistas —gente que estaba a favor de prohibir la esclavitud— y, como tales, ayudaron a muchos esclavos fugitivos a huir en busca de la libertad.

Mark sabía que estaba "por debajo" de Livy; sin embargo, le propuso matrimonio. Ella lo rechazó. ¿Se rindió Mark? No, por el contrario: prometió volverse una persona más respetable, dejar la bebida y no decir palabrotas. Mark le envió montones de cartas de amor a Livy y le propuso matrimonio tres veces más.

Después de tres meses, Livy aceptó. Se casaron el 2 de febrero de 1870.

Capítulo 5
La Edad Dorada

Mis obras son como el agua. Las obras de los grandes maestros son como el vino. Sin embargo, todo el mundo toma agua.

Mark Twain

"Somos las dos personas más felices que se hayan visto jamás", escribió Livy después de la boda.

Los recién casados se mudaron a Buffalo, NY. Gracias a un préstamo del padre de Livy, Mark se convirtió en dueño parcial del diario *Buffalo Express*.

El regalo de bodas de se suegro fue una casa completamente equipada, con cocinero, criada y cochero. Mark, o "El joven", como lo llamaba Livy, se sentía en el cielo. En una carta a los Langdon, Mark se refirió a sí mismo como "el pequeño Sammy en el país de las hadas".

Mark se había convertido en el autor del *best seller* del momento: *Los inocentes en el extranjero*. A Mark le preocupaba que la crítica no le hiciera caso a su libro, pero un reseñador del respetado periódico *Atlantic Monthly* elogió el libro y dijo que Mark Twain no era simplemente un humorista, sino todo un escritor "merecedor de la mejor compañía".

El comentario agradó mucho a Mark y a Livy, quien fue la editora de Mark hasta el final de sus días.

Con el deseo de repetir el éxito de *Los inocentes en el extranjero*, Mark comenzó a escribir *Una vida dura*, un libro sobre sus experiencias en el Oeste. Sin embargo, le resultaba difícil concentrarse en su obra. El padre de Livy murió en agosto. Luego, en noviembre, Livy dio a luz a su primer hijo, un niño enfermizo llamado Langdon. Poco después del parto, Livy enfermó de fiebre tifoidea. Mark se convirtió en un dedicado enfermero de tiempo completo para su esposa y su hijo.

Cuando Livy se recuperó, la familia se mudó a Hartford, Connecticut, para comenzar una nueva vida. A los seis meses nació el segundo hijo, una niña a la que llamaron Susy. Susy era saludable y fuerte, pero el frágil Langdon aún no estaba bien del todo. Diez semanas más tarde, el niño murió de difteria.

Mark y Livy quedaron con el corazón destrozado. "Parece como si no pudiéramos seguir adelante sin [Langdon]", escribió Livy. Mark siempre estuvo convencido de que "la fuente secreta del humor no es la alegría sino la pena". Su vida estuvo, de hecho, marcada por muchos episodios de pena y tragedia.

No todo lo que Mark escribió fue humorístico. En 1873, escribió en compañía de su buen amigo Charles Warner una novela titulada *La Edad Dorada*.

Mina de carbón

El libro era acerca de una nueva clase de estadounidenses: los súper ricos.

Desde la Guerra Civil, la economía del país era cada vez más fuerte. Ya no se basaba en la agricultura, sino en la industria: explotación de carbón, refinamiento de petróleo, fabricación de hierro y acero y construcción de vías ferroviarias. Estos enormes negocios pertenecían a unos pocos hombres ricos que eran llamados "los magnates del robo". La estafa, la mentira, el soborno y las estrategias para enriquecerse rápidamente estaban a la orden del día. Hasta los empleados del gobierno estaban involucrados. Mientras que los trabajadores, la mayoría de ellos inmigrantes recién llegados, vivían en casas atestadas de gente y a duras penas podían sobrevivir con su salario, los magnates del robo construían enormes haciendas y vivían como reyes. Hacia finales del siglo XIX, la familia de uno de estos magnates hizo una gran fiesta en su "casita" de verano de setenta habitaciones en Newport, Rhode Island. Los invitados se sumergieron en una elegante "arenera" llena de diamantes y otras piedras preciosas.

Mansión The Breakers,
en Newport, Rhode Island

EL LADO OSCURO DE LA EDAD DORADA

LA EDAD DORADA NO FUE DORADA PARA TODOS POR IGUAL. MILLONES DE ESTADOUNIDENSES VIVÍAN Y TRABAJABAN EN LUGARES SUCIOS, ATESTADOS DE GENTE E INCLUSO PELIGROSOS. CADA VEZ LLEGABAN MÁS INMIGRANTES. MUCHOS SE ESTABLECIERON EN CIUDADES DE LA COSTA ESTE, EMBUTIDOS EN EDIFICIOS DE APARTAMENTOS LLAMADOS "CASAS DE VECINDAD" EN BARRIOS POBRES. LAS PEORES CASAS DE VECINDAD ESTABAN EN EL *LOWER EAST SIDE* DE LA CIUDAD DE NUEVA YORK. ESTAS VIVIENDAS NO TENÍAN BUENA LUZ NI VENTILACIÓN. EN VERANO ERAN ESPANTOSAMENTE CALIENTES. VARIAS FAMILIAS VIVÍAN EN UN SOLO PISO, APRETUJADAS EN UNA O DOS HABITACIONES. TODOS LOS INQUILINOS DE UN PISO COMPARTÍAN UN MISMO BAÑO. ALGUNAS PERSONAS ENCONTRABAN TRABAJOS CON BAJOS SALARIOS EN FÁBRICAS, ASTILLEROS Y MATADEROS, PERO OTROS TENÍAN QUE TRABAJAR LARGAS JORNADAS ENCERRADOS EN SUS HABITACIONES, ENROLLANDO CIGARROS O ARMANDO FLORES DE SEDA PARA SOMBREROS DE MUJER. EN ESTE TIPO DE TRABAJOS SE GANABA SÓLO UNOS CENTAVOS AL DÍA, DE MANERA QUE TODOS LOS MIEMBROS DE LA FAMILIA, INCLUYENDO LOS NIÑOS, TENÍAN QUE TRABAJAR. ESTAS CONDICIONES DE VIDA CONTRASTABAN CON LA VIDA QUE LLEVABAN LOS RICOS. LOS INMIGRANTES SOPORTARON LAS DIFICULTADES CON LA ESPERANZA DE LLEGAR A TENER UNA MEJOR VIDA PARA SÍ MISMOS Y PARA SUS HIJOS.

La Edad Dorada atacó la avaricia y la corrupción de las empresas y el gobierno. También criticaba la adoración que los estadounidenses le habían comenzado a profesar al dinero, sin importar cómo se había obtenido.

Mark Twain también quería tener una mejor vida. Quería darle a su familia lo que su padre nunca pudo darle. Él y Livy construyeron una casa de 19 habitaciones con un cuarto de billar, una torrecilla y una terraza similar a la cubierta de un barco. La casa tenía un valor de $125,000 (el salario promedio anual de los estadounidenses era de unos $500). Además, tenían unos siete criados y los visitaban huéspedes muy distinguidos. Mark Twain era rico, pero no era un magnate del robo. Sentía que se había ganado su dinero trabajando honestamente.

La casa de Hartford era un lugar feliz para Mark, Livy y su familia, que seguía creciendo. Antes de mudarse a Connecticut, en 1874, nació Clara, su segunda hija. La tercera, Jean, nació en 1880. Mark, que seguía siendo en parte un niño, se tumbaba en el suelo con las niñas montadas sobre su espalda y se disfrazaba para entretenerlas. ¡Está muy claro por qué Livy lo llamaba "El joven"!

A las niñas les encantaba escuchar los cuentos de su papá, sentadas en su regazo. También escuchaban lo que escribía. Livy leía sus textos en voz alta para toda la familia mientras los iba revisando, lápiz en mano. Sus críticas eran acertadas y honestas. A veces las niñas se quejaban porque su mamá tachaba lo que para ellas eran las mejores partes. Por lo general eran pasajes groseros que Mark incluía a propósito para hacer reír a sus hijas.

A los 13 años de edad, Susy escribió una biografía de su padre. La comenzó así: "Somos una familia feliz". Luego añadió: "Esta familia está compuesta por mi papá, mi mamá, Jean, Clara y yo. Pero el tema de este escrito es mi papá, y no tendré el problema de no saber qué decir de él, ya que es un personaje muy asombroso…" Luego, Susy describió los cálidos ojos azules de su padre y su larga nariz. Y continuó así: "Es un hombre muy bueno y muy chistoso. Es de mal genio; como todos lo somos en esta familia… Pero cuenta historias absolutamente encantadoras".

Capítulo 6
Tom y Huck

No puedes depender de tu buen juicio cuando tu imaginación está desenfocada.

Mark Twain

Mark, Livy y las niñas pasaban los veranos en la granja Quarry, la casa de la hermana de Livy en Elmira, Nueva York. Después de desayunar bistec y café, Mark se retiraba a un estudio en la cima de una pequeña colina, donde escribía mientras se fumaba unos 40 cigarros al día. Su pluma corría

por el papel durante horas. Solía escribir seguido hasta la hora del almuerzo. Incluso después de que se inventara la máquina de escribir, Mark prefería escribir a mano.

Mark pasó los veranos de 1874 y 1875 escribiendo lo que se convertiría en su libro más famoso: *Las aventuras de Tom Sawyer*. El personaje de Tom Sawyer se basa en el mismo Sam Clemens cuando era niño. Tom tiene 12 años y su cabeza está llena de ideas y travesuras. Vive en un pueblo fluvial muy parecido a Hannibal, en los días anteriores a la Guerra Civil. Hace lo que le gusta y evita hacer lo que no le gusta.

En una de las escenas más famosas del libro, Tom hace que la tarea de blanquear una cerca parezca tan divertida que sus amigos le ruegan que los deje ayudar. ¡Algunos incluso pagan por la oportunidad!

Mark escribió:

Tom reanudó su trabajo y le contestó como distraído:

—¿Que si me gusta? No sé por qué no va a gustarme. ¿Acaso dejan a un chico blanquear una cerca todos los días?

Aquello puso la cosa bajo una nueva luz. Ben dejó de mordisquear la manzana. Tom movió cuidadosamente la brocha hacia arriba y hacia abajo; se retiró dos pasos para ver el efecto; añadió un toque allí y otro allá; juzgó otra vez el resultado. Y en tanto, Ben no perdía de vista un solo movimiento, cada vez más y más interesado, más y más absorto. Al fin dijo:

—Oye, Tom, déjame blanquear un poco.

Las aventuras de Tom Sawyer fue un éxito instantáneo entre los niños, aunque los adultos también lo leían. Hoy en día todavía goza de popularidad entre lectores de todas las edades.

Las aventuras de Huckleberry Finn

En el verano de 1876, Mark comenzó la segunda parte de *Las aventuras de Tom Sawyer*. Esta vez, el personaje principal era el amigo de Tom, Huckleberry Finn. Huck era andrajoso y maleducado, pero tenía buen corazón. Lo que Mark pensó que iba a ser otra divertida historia de aventuras infantiles, se convirtió, sin embargo, en algo más profundo y serio. Mark puso a Huck en una balsa, flotando por el río Mississippi, con un esclavo fugitivo llamado Jim.

LA RECONSTRUCCIÓN

EL PERIODO QUE SIGUIÓ A LA GUERRA CIVIL SE CONOCE COMO "LA RECONSTRUCCIÓN". LA NACIÓN SE ENFRENTÓ A LA DIFÍCIL TAREA DE RECONSTRUIR EL SUR, QUE ERA DONDE HABÍA TENIDO LUGAR LA MAYORÍA DE LOS COMBATES, Y DE UNIR DE NUEVO EL PAÍS. UNOS CUATRO MILLONES DE ESCLAVOS COMENZABAN UNA NUEVA VIDA COMO PERSONAS LIBRES, PERO MUCHOS NO TENÍAN DINERO Y NO SABÍAN LEER NI ESCRIBIR.

HASTA 1877, EL EJÉRCITO DEL NORTE PERMANECIÓ EN EL SUR PARA PROTEGER A LOS NEGROS Y GARANTIZAR QUE EJERCIERAN SU DERECHO AL VOTO Y A TENER CARGOS PÚBLICOS. NO OBSTANTE, UNA VEZ QUE LOS SOLDADOS DEL

NORTE SE MARCHARON, ALGUNOS BLANCOS DEL SUR QUE
ESTABAN FURIOSOS POR HABER PERDIDO LA GUERRA Y NO
ERAN CAPACES DE ACEPTAR A LOS AFROAMERICANOS COMO
SUS SEMEJANTES, FORMARON SOCIEDADES SECRETAS, COMO
EL KU KLUX KLAN. DISFRAZADOS CON BATAS Y CAPUCHONES
BLANCOS, LOS MIEMBROS DEL KLAN AMENAZABAN,
GOLPEABAN Y A VECES MATABAN A PERSONAS NEGRAS PARA
EVITAR QUE VOTARAN Y DISFRUTARAN DE SUS DERECHOS.
EN POCO TIEMPO, LOS BLANCOS RETOMARON EL CONTROL
DE LOS GOBIERNOS ESTATALES Y APROBARON LEYES QUE
MANTUVIERON A LOS AFROAMERICANOS DURANTE DÉCADAS
EN CONDICIONES MUY PARECIDAS A LA ESCLAVITUD.

Jim se parecía mucho a aquel esclavo que llamaban Tío Dan. El personaje de Huck estaba inspirado en el amigo de infancia de Mark. La amistad entre estos personajes planteó cuestiones sobre raza, libertad, lo correcto y lo incorrecto. Mark no estaba seguro hacia dónde llevar la historia, así que la dejó a un lado.

Luego de un viaje al Sur, sin embargo, Mark tuvo nueva energía y más seguridad para trabajar en *Las aventuras de Huckleberry Finn*. Cuando terminó el manuscrito, dijo: "A mí me gusta, no importa si a otros les gusta o no". Mark sabía que su historia haría sentir incómodos a muchos blancos estadounidenses. Su libro revivía y confrontaba directamente dolorosos debates sobre la raza y el racismo.

Desde que Mark conoció a Livy y su familia, sus ideas acerca de los negros de Estados Unidos habían sufrido un cambio dramático. A pesar de que durante su niñez no había sentido aversión por la esclavitud, ahora se había dado cuenta de lo cruel, lo equivocada y lo malvada que había sido aquella práctica. ¿Qué les hacía pensar a los blancos que la gente de piel más oscura era menos humana que ellos? Mark puso a su personaje, Huck, en un mundo de pre-Guerra Civil muy parecido al que él mismo vivió de niño. Huck pasó varias semanas a solas con Jim, el esclavo fugitivo. La experiencia lo llevó a cuestionarse todo lo que le había enseñado su sociedad racista y esclavista. En un pasaje del libro, Huck oye a Jim llorar y dice:

[Jim] pensaba en su esposa y sus hijos, que estaban bien lejos, y se veía triste y los extrañaba... Yo creo que él se preocupa por su gente, tanto como cualquier blanco se preocupa por la suya. No parece natural, pero yo creo que es así.

Había otra razón que hacía que *Las aventuras de Huckleberry Finn* fuera un libro importante. Mark contó la historia desde el punto de vista de Huck.

No hay narrador. Ese "yo" es Huck, hablándole al lector. (Esto se llama narración "en primera persona".)

Huck no habla con buena gramática ni con palabras elegantes. Habla como hablaría un muchacho sin educación. Escribir un libro entero en un inglés americano vulgar y común era algo nuevo. En la década de 1880 se publicó otra novela titulada *Washington Square*, de Henry James. Mira lo diferente que es el lenguaje en esa obra:

La señora Penniman era una mujer alta, delgada, rubia y bastante descolorida; de disposición amable, poseedora de un alto grado de nobleza, amante de la literatura superflua y de carácter tortuoso y ambiguo. [...] No era del todo veraz; pero aquel defecto no tenía gran trascendencia, pues nunca tuvo nada que ocultar.

Muchos críticos dijeron que *Las aventuras de Huckleberry Finn* era una basura, y una biblioteca de Massachusetts lo vetó. Huckleberry Finn hizo enojar a algunos. Puso a pensar a muchos. Y también creó un nuevo tipo de literatura estadounidense que convirtió el inglés americano de todos los días, con su propio ritmo y sabor, en literatura.

Sin saberlo, Mark había creado una de las más grandes novelas estadounidenses de todos los tiempos.

Capítulo 7
Siguiendo el Ecuador

Hay dos momentos en la vida de todo hombre en los cuales no debe especular: cuando no puede darse el lujo de hacerlo y cuando sí se lo puede dar.
Mark Twain

Mark Twain había fundado su propia compañía para publicar *Las aventuras de Huckleberry Finn.* Mientras que la empresa, Charles L. Webster & Company (ése era el nombre del sobrino y gerente comercial de Mark), atendía los pedidos del nuevo libro, Mark decidió hacer una gira de conferencias de cuatro meses para ganar dinero.

Se suponía que Webster & Company no publicaba libros de otro autor. Sin embargo, Mark se enteró de que Ulysses S. Grant, ex presidente y general de la Guerra Civil, estaba escribiendo sus memorias.

Mark le ofreció a Grant el doble de lo que le había ofrecido otra editorial. Grant aceptó la oferta, y le dio los toques finales a su libro unos pocos días antes de morir de cáncer, en 1885. Inmediatamente, el libro se convirtió en un éxito. Mark le pagó a la viuda del General cerca de $500,000 en ganancias.

ULYSSES S. GRANT

Las exitosas memorias de Grant también hicieron a Mark rico. "Me parece que todo lo que toco se convierte en oro", dijo Mark, maravillado. Ese año, el escritor favorito de Estados Unidos cumplió 50 años, y su futuro nunca había sido tan prometedor.

La familia vivía muy bien. Hacían cenas muy
pomposas para invitados importantes, incluyendo a
los generales William T. Sherman y Philip Sheridan,
que se habían hecho famosos durante la Guerra
Civil.

Los viernes por la noche, Mark se reunía con sus amigos en su estudio del tercer piso para jugar billar, su juego favorito.

El rotundo éxito de las memorias de Grant convenció a Mark Twain de que para hacer mucho dinero, publicar libros era mejor que escribirlos. Firmó contratos con Sherman, Sheridan y otras personalidades para que escribieran libros para Charles L. Webster & Company. Pero ninguno de esos libros se convirtió en *best seller*.

ALEXANDER GRAHAM BELL

Mark Twain era un escritor brillante, pero era muy malo para los negocios. Era una época de inventos, pero infortunadamente Mark invirtió miles de dólares en los proyectos equivocados (una polea a vapor, un telégrafo marino, un órgano mecánico y alrededor de otros cien inventos). Alexander Graham Bell le dio a Twain la oportunidad de invertir en el teléfono, pero éste no aceptó. Mark no creía que este invento fuera a captar mucha gente.

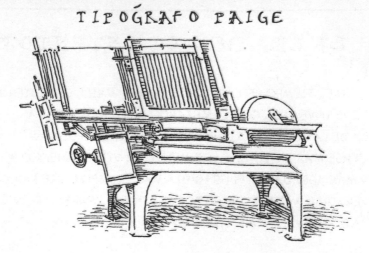

De todas las malas inversiones que hizo Mark, la peor quizás fue el tipógrafo Paige. Este enorme aparato podía acomodar moldes de letras tan rápido como varios hombres podían hacerlo a mano. Mark estaba seguro de que todos los talleres de imprenta del país, e incluso del mundo, iban a necesitar al menos una de estas máquinas. Pero la máquina tenía más de 18 mil partes y se dañaba todo el tiempo. Mes tras mes, durante 14 años, Mark le inyectó todos sus ahorros y el dinero de la familia de Livy al tipógrafo. Estaba seguro de que le produciría millones de dólares. Eso nunca sucedió.

LA ERA DE LOS INVENTOS

EN EL TIEMPO EN QUE VIVIÓ MARK TWAIN, SE HICIERON VARIOS INVENTOS QUE CAMBIARON RADICALMENTE LA VIDA DE LA GENTE. LAS LABORES COTIDIANAS PODÍAN HACERSE MÁS RÁPIDA Y FÁCILMENTE. LA VIDA COMENZÓ A SER MÁS AGRADABLE, PUES HABÍA MÁS TIEMPO LIBRE PARA DIVERTIRSE. MUCHOS DE ESTOS INVENTOS APARECIERON CUANDO MARK TENÍA ENTRE 40 Y 50 AÑOS DE EDAD.

1873 Aparecen las primeras máquinas de escribir fabricadas en serie.

1876 Alexander Graham Bell inventa el teléfono.

1879 Thomas Alva Edison inventa una bombilla eléctrica confiable y económica.

1879 Se inaugura en Chicago el primer rascacielos, el edificio Leitner, de 16 pisos.

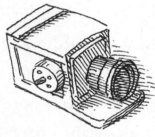

1880 George Eastman patenta el primer rollo de película práctico para cámaras fotográficas.

1883 Se termina de construir el puente de Brooklyn sobre el río East, en Nueva York, el más largo y alto de su tiempo.

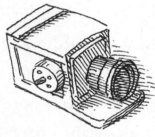

1886 Se sirve la primera Coca-Cola en Atlanta, Georgia.

En esta época, Mark escribió *Un yanqui en la corte del Rey Arturo*, la historia de un habitante de Nueva Inglaterra que viaja en el tiempo y trata de modernizar la Inglaterra medieval. Sin embargo, los gastos de la familia aumentaban, y las ganancias por la venta de los libros de Mark no alcanzaban para pagar todas las cuentas.

La triste solución fue salir de Connecticut e irse a vivir por un tiempo a Europa, donde la vida era más barata. La familia cerró su adorada casa de Hartford. "Tuvimos que dejar muchas cosas bellas que atesorábamos", recordó Clara. "No podíamos ver con alegría nuestra nueva vida en el exterior. Todos veíamos este viaje… como algo muy parecido a una tragedia."

Se embarcaron rumbo a Francia en 1891. Mark
continuó escribiendo, pero las deudas lo atormen-
taban. En 1894, Webster & Company se declaró en
bancarrota. Las deudas de Mark sumaban 100,000
dólares, pero él tomó la determinación de pagar
hasta el último centavo.

En esta misma época, Mark escribió una novela seria titulada *Juana de Arco*, la cual él y su familia consideraban su mejor obra. No obstante, Mark sabía que sólo las conferencias le iban a dar el dinero que necesitaba.

Entonces, Mark, Livy y Clara viajaron juntos a hacer lo que él llamó "nuestro ataque de conferencias alrededor del mundo". (Susy y Jean se quedaron

con su tía en Elmira.) En poco
más de un año, Mark dio casi
150 conferencias. Habló en au-
ditorios con boletos agotados
a lo largo y ancho de Estados
Unidos, y en Australia, Nueva
Zelanda, India, Sudáfrica e
Inglaterra. La gira era agotadora.

Mark tenía 60 años y con fre-
cuencia se sentía indispuesto. Pero estos viajes le
dieron fama mundial y también material para su último libro de viajes, *Viajes alrededor del mundo si-
guiendo el Ecuador*.

La gira terminó por fin en Londres en julio de
1896. Susy, que entonces tenía 24 años, y Jean, de
16, viajarían desde Estados Unidos para encon-
trarse con Mark, Livy y Clara en Inglaterra. Sería
un feliz reencuentro familiar. Sin embargo, Susy
nunca pudo hacer el viaje. Se enfermó de menin-
gitis y murió el 18 de agosto.

Mark estaba destruido. De las tres chicas, Susy era la que más se parecía a su padre. Una vez más, Mark se sintió culpable por el estrés que había generado con su bancarrota y la separación de la familia. El 19 de agosto, escribió: "Me he pasado el día [...] reprochándome por haber puesto los cimientos de todos nuestros problemas [...] reprochándome por el millón de cosas por las cuales he traído desgracia y sufrimiento a esta familia".

Capítulo 8
En espera del cometa

En aquel entonces, era joven y tonto. Ahora soy viejo y más tonto.

Mark Twain

"Pasó mucho tiempo antes de que alguien en la casa volviera a reír, tras el impacto por la muerte de Susy", recordó Clara. La familia permaneció en el exterior cuatro años más.

Regresaron a Estados Unidos en 1900, y Mark fue recibido como un héroe. Había pagado todas sus deudas con las ganancias de sus conferencias. La familia había recuperado la estabilidad. Los estadounidenses habían admirado a Mark Twain por ser un niño pueblerino pobre que se había vuelto rico y famoso. Ahora, lo honraban y respetaban por haber luchado para salir de la ruina financiera y haber mantenido su nombre en alto. "Siempre haz lo correcto", decía Mark. "Esto complacerá a algunas personas y dejará perplejas a las demás".

En lugar de regresar a la casa de Hartford, donde había muerto Susy, rentaron una casa en la Ciudad de Nueva York. Constantemente recibían visitantes, incluyendo reporteros. Mark hablaba en almuerzos y banquetes. Era una de las personalidades más famosas y reconocidas del momento. Mark siempre tenía una opinión sobre cualquier tema que le consultaran los periodistas.

La Ciudad de Nueva York, alrededor de 1900

Mark Twain, que siempre había soñado con ser más que un humorista, se había convertido en el sabio de la nación.

Con la edad, Mark Twain se volvió más crítico. Ahora más que nunca hablaba en contra del racismo, la injusticia y el gobierno.

Su agitada agenda social afectó la salud de Livy. Estaba tan delicada del corazón que los médicos sólo le permitían a Mark pasar unos minutos al día con ella. Temían que su naturaleza temperamental

la alterara. Mark y Livy se escribían notas, pero aun así Mark extrañaba horriblemente a su más querida amiga.

Livy murió en junio de 1904. Junto a su lecho de muerte, Mark, Clara y Jean se abrazaron y lloraron como si sus corazones se estuvieran desgarrando. Mark jamás se había sentido tan solo. "Ella era toda nuestra riqueza, y se ha ido", escribió Mark. "Ella era nuestro aliento, nuestra vida, y ahora no somos nada." Clara tuvo una crisis nerviosa y pasó meses hospitalizada. Jean, que tenía epilepsia, comenzó a sufrir ataques y también tuvo que ser hospitalizada. Mark vio cómo su feliz familia se desmoronaba.

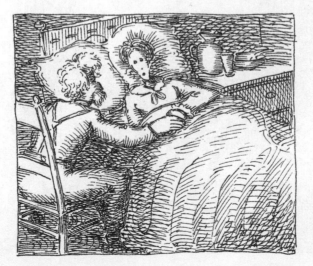

Después del funeral de Livy, Mark volvió a escribir ensayos cortos. Esto lo ayudó a salir de su pena. Poco a poco, comenzó a ver a sus amigos. Se sentía solo, pero buscó consuelo en su fama. Con su cabello blanco despeinado, su bigote espeso y sus cejas tupidas, además de los trajes blancos que ahora usaba, Mark Twain llamaba la atención donde quiera que iba. Le gustaba caminar por la calle Broadway los domingos, al salir de la iglesia, para disfrutar de la admiración de los extraños.

Casi todos los días, Mark trabajaba en su autobiografía. Le dictaba a un hombre llamado Albert
Bigelow Paine. Con el dinero que le pagó una editorial, se construyó una casa estilo italiano cerca de
Redding, Connecticut.

Antes de que terminara la construcción de la
casa, Mark viajó a Inglaterra. Allí recibió un docto-
rado honorario en Letras de parte de la Universidad
de Oxford. La falta de un título académico jamás lo

molestó, pero se emocionó mucho con el gran honor y con el "aplauso verdaderamente ciclónico" de la multitud.

Cuando se mudó a su nueva casa, Mark sabía que había comenzado "una fiesta que termina en el cementerio". En 1909, le dijo a un amigo: "Llegué con el cometa Halley en 1835. El Halley vuelve el próximo año, y espero irme de nuevo con él".

En octubre se casó Clara. Jean, todavía enferma, murió de un ataque al corazón en Nochebuena de ese mismo año. Mark escribió acerca de todo lo que Jean había significado para él y dijo: "Nunca volveré a escribir".

El 21 de abril de 1910, con el bello resplandor del cometa Halley iluminando el cielo por primera vez desde su nacimiento, murió Mark Twain.

Mark Twain sigue vivo en sus maravillosos libros. Él mismo dijo una vez: "Un clásico es algo que todo el mundo quiere haber leído pero que nadie quiere leer". No obstante, los mejores libros de Mark Twain son clásicos, y se leen, porque nos ayudan a entendernos y a reírnos de nosotros mismos.

ALGUNAS OBRAS DE MARK TWAIN DISPONIBLES ACTUALMENTE EN ESPAÑOL

La Edad Dorada (1873)

Historia de un niñito bueno,
    historia de un niñito malo (1875)

Las aventuras de Tom Sawyer (1876)

El príncipe y el mendigo (1881)

Un yanqui en la corte del Rey Arturo (1889)

Viaje alrededor del mundo
    siguiendo el Ecuador (1897)

El forastero misterioso (1916)

Mark Twain: Autobiografía (1924)

Cuentos humorísticos

Cuentos completos

Línea cronológica de la vida de Mark Twain

1835	Samuel Langhorne Clemens nace el 30 de noviembre en Florida, Missouri.
1839	La familia se muda a Hannibal, Missouri.
1847	Muere su padre.
1850	Trabaja para su hermano en el *Hannibal Journal*.
1857	Se convierte en aprendiz de piloto en el río Mississippi.
1859	Recibe su licencia de piloto de barco a vapor.
1861	Se va a vivir al Oeste, al territorio de Nevada.
1863	Trabaja para el *Territorial Enterprise* de Virginia City y adopta el seudónimo de Mark Twain.
1865	Se publica *Jim Smiley y su rana saltarina*.
1866	Viaja a las islas Sandwich; da sus primeras conferencias.
1867	Viaja por Europa y el Medio Oriente como corresponsal de viajes.
1870	Se casa con Olivia (Livy) Langdon.
1874	Construye una casa para su familia en Hartford, Connecticut.
1876	Se publica *Las aventuras de Tom Sawyer*.
1881	Se publica *El príncipe y el mendigo*.
1884	Funda su propia editorial y publica *Las aventuras de Huckleberry Finn*.
1891	Se muda con su familia a Europa.
1894	Su editorial se declara en bancarrota.
1895	Mark, Livy y Clara emprenden una gira de conferencias por el mundo.
1900	La familia regresa a Estados Unidos.
1904	Livy muere el 5 de junio.
1907	Recibe un doctorado honorario de la Universidad de Oxford.
1910	Mark Twain muere el 21 de abril.

Línea cronológica del mundo

Soldados mexicanos sitian el Álamo, en San Antonio. — 1836

Charles Goodyear descubre la vulcanización del caucho. — 1839

Se descubre oro en California. — 1848

Se inaugura la Gran Exhibición en el Palacio de Cristal de Londres. — 1851

Se construye el primer pozo de petróleo moderno cerca — 1858
de Titusville, Pensilvania.

Charles Darwin publica *El origen de las especies.* — 1859

Se inicia la Guerra Civil en Estados Unidos. — 1861

Entra en vigor la Proclama de Emancipación del presidente Lincoln. — 1863

Termina la Guerra Civil; Lincoln es asesinado. — 1865

Se instala el primer cable de telégrafo transatlántico submarino. — 1866

Estados Unidos le compra Alaska a Rusia. — 1867

Se inaugura en Nueva York "El mejor espectáculo de la tierra" — 1871
de P.T. Barnum.

Nace Harry Houdini. — 1874

Muere el General George Armstrong Custer en la Batalla de Little Bighorn. — 1876

Clara Barton funda la Cruz Roja Americana. — 1881

Se inaugura la primera montaña rusa de Estados Unidos. — 1884

Se inventa el básquetbol en Massachusetts. — 1891

Rudyard Kipling publica *El libro de la selva.* — 1894

Se descubren los rayos X. — 1895

Se realizan en Grecia los primeros Juegos Olímpicos modernos. — 1896

El Dr. Sigmund Freud publica *La interpretación de los sueños.* — 1900

Los hermanos Wright hacen el primer viaje en avión. — 1903

Se inaugura el metro de la Ciudad de Nueva York. — 1904

Henry Ford vende el primer automóvil Modelo T por $850. — 1908

Se fundan los Boy Scouts de Estados Unidos. — 1910